Irène Schoch

# Le Diable en Tasmanie

Seuil jeunesse

Le matin, avant que Noé n'ouvre les grilles
aux visiteurs, nous devons faire de la gym
tonique sur une musique synthétique ;
ensuite, on nous sert un petit déjeuner
100 % diététique. Désolé, mais moi, j'ai envie
d'un morceau de viande bien saignante.

Bienvenue chez
les marsupiaux
d'Australie et
d'Océanie.
Je te présente
Albert, Wanda,
Jacqueline,
Véronique et...

Tu te demandes : « C'est quoi cette boule noire ?
Un oreiller ? Un chat ? Un rat ? »

Mon nom et mes oreilles décollées font peur, je sais. Tu veux savoir où se trouve la Tasmanie ?
Je ne sais pas, je suis né ici, je n'ai jamais vu mon pays. Quand j'étais petit, ma mère me chantait des mélodies endiablées, c'est tout ce que je connais de la Tasmanie.

Cette boule noire, c'est moi,
Zacharie, le diable de Tasmanie.

Et puis un jour, j'entends un monsieur expliquer :
« La Tasmanie est une île magique, à l'autre bout
du monde. On trouve de tout là-bas : des palmiers,
des pirates et des pingouins… »

DIABLE DE TASMANIE

AUSTRALIE

TASMANIE →

Depuis, toutes les nuits, je rêve de la Tasmanie…

J'entends le clapotis des vagues, le cri d'un pirate, une musique au loin. Je suis tout seul dans un canoë et je rame, mais je n'arrive pas à m'approcher de l'île, pourtant c'est ce que je désire le plus.

Je me réveille et je suis toujours dans cet endroit beaucoup trop familier. J'en connais chaque caillou, et j'observe les araignées tisser leur toile. Véronique, à ma gauche, parle trop et Wanda, à ma droite, ne fait que ronfler. Jacqueline et Albert posent à longueur de journée. Moi, je n'aime pas qu'on me regarde. Je ne me sens pas bien dans ma peau.

Je n'ai pas choisi cette vie. Je tourne en rond
et mes pensées aussi. Je ferme les yeux.

Je me sens toujours observé. Un matin, j'entends une voix : « Je crois bien que le diable de Tasmanie est en voie de disparition. » Quel manque de tact, et quelle horreur ! J'en ai froid dans le dos.

Le soir, j'en parle à Édouard car je sais que, lui aussi, est en voie de disparition. Ensemble, nous avons une idée, une idée fantastique, tellement grandiose qu'on l'appelle désormais « le plan T ».

Le plan T fait discrètement
le tour de notre institution.

### Edouard

« Je suis partant car je suis vieux et, jusqu'à présent, je n'ai rien fait de ma vie. »

### César

« Depuis que j'ai vu cette jupe, j'ai peur. Je ne voudrais pas finir en jupe, donc je viens. »

### Gaspard

« Tous ces préjugés me pèsent. Je suis normalement intelligent, j'ai mal au dos et pas la moindre envie de rester ici. »

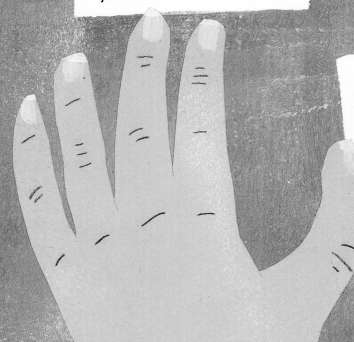

### Annie et Arthur

« Nous avons une grande envie de voyager et de voir notre famille : nous partons. »

### Véronique

« Comme Zacharie, je suis née ici et je veux voir mon pays. »

### Jacqueline et Victor

« Là-bas, personne ne vous attend.
Ils ne rêvent que d'une chose, c'est
de venir ici. N'est-ce pas, Victor ? »
« Oui, maman. »

### Nicole

« J'aime que tous ces gens
m'admirent pour ma grâce
et ma couleur, je reste. »

### Albert

« Ici, t'es à l'abri quand il pleut
et tu manges bien tous les jours,
qu'est-ce que tu veux de plus ? »

### Zacharie

« Pour réaliser mon rêve,
j'ai besoin de vous. »

### Wanda

« Je suis trop fatiguée pour
prendre une décision. »

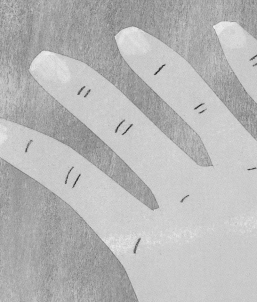

À la lumière de la lune et du réverbère,
nous commençons à travailler sur le plan T.
Cela nous prend quelques semaines pour
en voir le bout.

Puisque Noé nous a laissé la pelle
et tout ce qu'il faut, nous lui laissons
un petit mot.

Dehors, personne ne fait attention à nous,
c'est une question d'attitude.

C'est ainsi que nous avons disparu.

Après un voyage de plusieurs mois, nous sommes réapparus à l'autre bout de la planète.

Normalement, dans les films et les livres, on en reste là.
Mais moi, je tiens à vous dire toute la vérité.

La Tasmanie n'était pas du tout comme nous l'avions imaginée.
Il n'y faisait pas très chaud et personne ne nous attendait.
L'indépendance nous paraissait horrible et la liberté, c'était le vide.

Mais nous étions en Tasmanie : Véronique, Édouard, Gaspard et moi, Zacharie.

Cela fait trois ans maintenant. Petit à petit, chacun a trouvé sa place.
César a fait une rencontre importante à Melbourne. Arthur et Annie
sont toujours en vadrouille ; parfois ils nous écrivent. Noé nous a
rejoints il y a quelques mois. Il travaille dans le restaurant d'Édouard.
C'est un établissement gastronomique, pas du tout diététique !

Véronique, toujours aussi bavarde, a ouvert un centre d'appel à Hobart.
Et le grand Gaspard est devenu bibliothécaire. Le dimanche, nous
faisons du canoë ensemble. Et quand nous pique-niquons à la plage,
nous entonnons des chansons endiablées avec nos nouveaux amis.

Moi, Zacharie, je ne suis pas le seul diable en Tasmanie.
Je ne fais peur à personne et les gens d'ici trouvent que
j'ai un drôle d'accent. J'habite une petite maison avec
un grand potager. J'en connais chaque caillou, chaque
araignée. C'est sur ma véranda que j'ai écrit cette histoire.
Et j'en ai déjà plein d'autres dans la tête.

À vrai dire, il n'y a pas grand-chose ici : je n'ai pas vu un seul palmier. Mais, en tout cas, la nature est splendide, l'air est pur, la vue illimitée et c'est le printemps,

à Scamander, en Tasmanie, le 22 novembre 2004.

© Éditions du Seuil, 2006
Dépôt légal : septembre 2006
ISBN : 2-02-088840-8
N° 88840-1
Tous droits de reproduction réservés
Loi 49-956 du 16 juillet 1949
sur les publications destinées à la jeunesse
Imprimé en Chine

www.seuil.com

*Irène Schoch au Seuil jeunesse*

**Hôtel d'été,** 2003

**Cent bêtes pour ceux qui s'embêtent,**
texte d'Élisabeth Brami, 2003

**Paresseux,** 2004

**Bonjour Bébé,** texte d'Élisabeth Brami, 2004

**Je souris toute l'année,** 2005

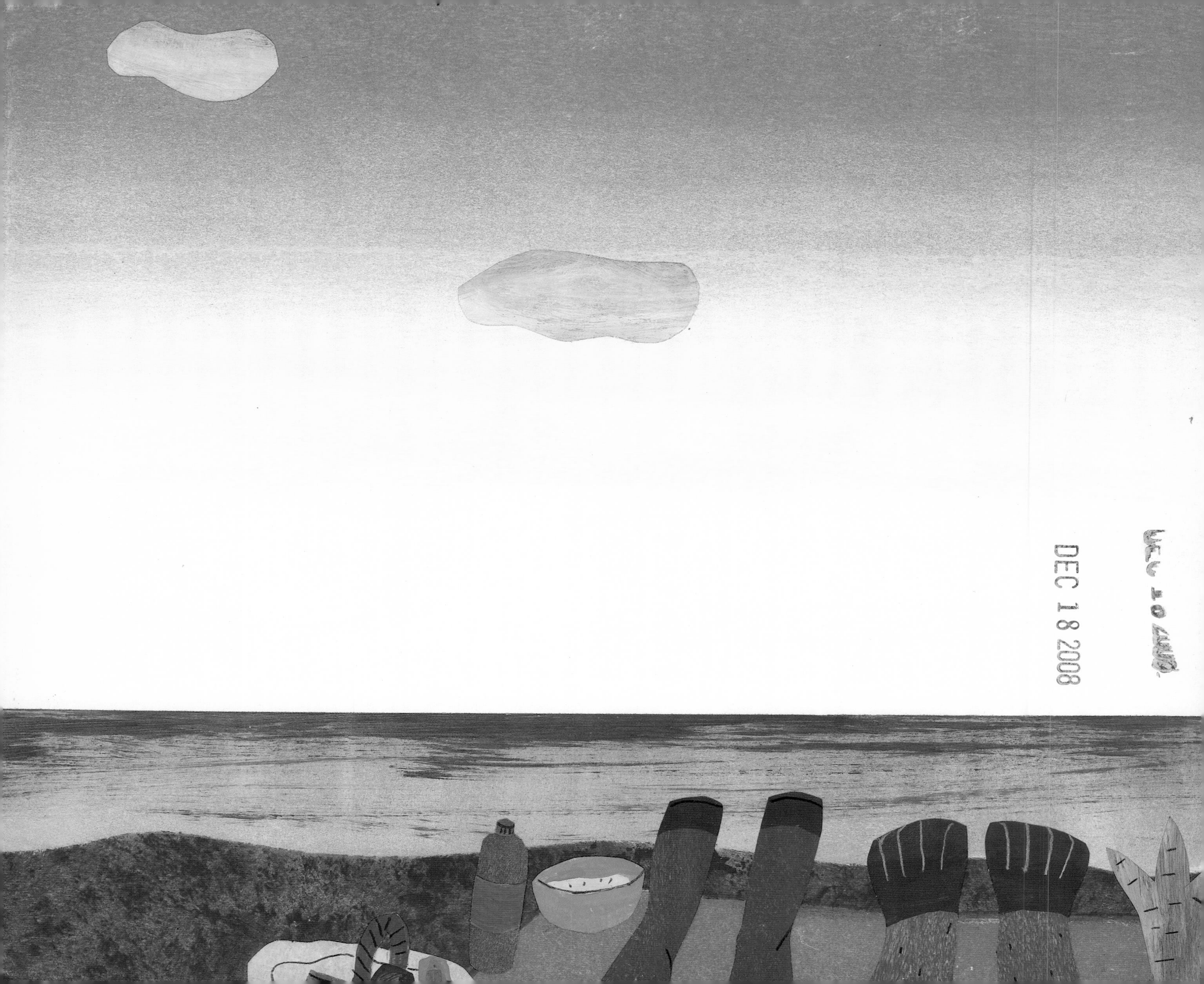